Vorwort

Liebe Leserin, lieber Leser,

« *L'appétit vient en mangeant* », der Appetit kommt beim Essen. Lassen Sie sich im Restaurant *Au Moulin-à-Vent* kulinarisch verwöhnen, mit einem Prickeln im Bauch. Denn Sie wissen schon jetzt : Es wird eine tödliche Mahlzeit geben.

Bon appétit.

Die Autoren

W0171099

Die Hauptpersonen   Seite 4
Die Geschichte   Seite 6
Raten und üben   Seite 32
Lösungen   Seite 39

Die Hauptpersonen dieser Geschichte sind :

Monsieur et Madame Passion
Sie besitzen das Restaurant *Au Moulin-à-Vent*, in
dem sich merkwürdige Vorfälle ereignen.

sont les propriétaires du restaurant où il se
passé des incidents bizzarres

Gaston Jeunesse
Kellner. Er arbeitet über 20 Jahre im Restaurant.

le serveur (garçon); il travaille dans le
restaurant depuis plus de 20 ans

Monsieur Pierre und Monsieur André
Beide sind im Ruhestand und spielen gern Karten.

tous les deux sont à la retraite et
ils aiment jouer aux cartes

Rita
Sie liebt Hunde. Sie erlebt einen Schock.

Elle aime les chiens, elle a un choc

Jeannette
Eine interessante Frau.

une femme intéressant

Abélard de Grippesous
Ein eher unangenehmer Zeitgenosse.

un typ plutôt désagréable

Monsieur Sétout
Kommissar. Er soll einen Mord aufklären.

Ort der Handlung: Paris, XV. Bezirk, rue de la
Sablonnière
Zeit der Handlung: ab dem 3. Donnerstag im
November bis Dezember, kurz vor Weihnachten.

Chapitre 1

— « Bonsoir M. Pierre, Bonsoir M. André ! »

— « B'soir M. Gaston ! Vous allez bien aujourd'hui ? » demande André au serveur du restaurant.

— « Oui, comme d'habitude ! J'vous donne pas la carte aujourd'hui, le patron a préparé un petit menu pour aller avec le beaujolais nouveau puisque aujourd'hui c'est le troisième jeudi de novembre … une petite merveille[1] ! Je ne vous raconte pas … Vous lui faites confiance[2], hein ? »

— « Ça va nous faire oublier le mauvais temps … il fait aussi froid qu'en février. » répond Pierre.

— « C'est surtout la pluie et le vent … » ajoute Rita, assise à la table voisine avec sa chienne[3] Nénette, sur les genoux.

— « Regardez, elle a sali[4] toute ma jupe … » Nénette est belle comme pour un dimanche et pourtant c'est jeudi ! Elle a un superbe nœud[5] rouge sur la tête, de la même couleur que la jupe de Mlle Rita.

Les clients, tous des habitués[6], commencent vraiment à parler de la pluie et du beau temps. Ils sourient des touristes allemands, au fond de la salle, qui boivent une bière en choisissant leur menu.

Le patron arrive, un beaujolais nouveau sur un plateau.

— « Bonsoir m'sieur Passion » lancent[7] les clients !

---

1 ein kleines Wunder   2 Haben Sie Vertrauen   3 Hündin
4 hat schmutzig gemacht   5 Schleife   6 Stammgäste   7 sagen laut durch den Raum

— « Bonsoir tout le monde… allez, aujourd'hui, c'est ma tournée[1]! Mais juste pour les amis… Un petit coup[2] de beaujolais nouveau comme apéritif… Il vient juste d'arriver, je le goûte[3] avec vous!» annonce le patron du restaurant et s'assied à la table des vieux clients.

Quelques tables plus loin, Gaston Jeunesse, le serveur, s'approche des touristes:

— «Vous avez choisi Messieurs Dames?»

— «Oui, presque… On prend le menu conseillé[4]… mais c'est quoi « un graton »?»

— «un graton?… Ah! Un gratin dauphinois! Oui, ce sont des pommes de terre avec de la crème fraîche, sans fromage – le fromage c'est dans le gratin savoyard. C'est cuit au four[5]. C'est la spécialité du patron… Es schmeckt gut!»

— «Oh, Sie sprechen Deutsch?»

— «Ein bisschen, isch 'abe gelernt in 'annover». Alors… vous prenez le gratin?»

— «Bien sûr! Et comme vin, qu'est-ce que vous nous conseillez?»

— «M. Passion va venir à votre table, il s'occupe de la cave[6]. C'est un grand spécialiste, il a même écrit un livre sur le beaujolais. Il est Lyonnais[7], alors vous comprenez… Je l'appelle!»

---

1 das ist meine Runde   2 ein kleiner Schluck   3 ich probiere   4 das empfohlene Menü   5 im Ofen gebacken   6 Weinkeller   7 aus Lyon stammend. *(Hauptstadt des Departements «Rhône» 415 500 Einwohner)*

Au Moulin à Vent

Menu conseillé à 35 €*

6 Huîtres fine de claire ou
Terrine de légumes sauce tomate

Rumsteck béarnaise ou
Gigot d'agneau rôti

Gratin dauphinois ou
Légumes assortis

Corbeille de fruits ou
Glaces maison

Menu touristique à 49 €*

Foie Gras ou
Langoustines mayonnaise

Magret de canard au cassis ou
Bavette à l'échalote

Plateau de fromages

Tarte Tatin ou
Omelette Norvégienne

---

* Nos menus sont servis toutes taxes comprises et service compris

Chapitre II

– « Gaston, qu'est-ce qu'il nous a fait de bon, le patron, aujourd'hui ? » demande Abélard de Grippesous. C'est un des clients qui vient régulièrement
mais pas tous les jours.

5 – « Laissez-vous surprendre[1] … ou alors, prenez la
carte … elle est derrière vous » répond le serveur.
Grippesous porte des grandes lunettes sur son gros
nez. Il pose son chapeau de feutre[2] sur la chaise à côté
de lui, près de son écharpe de soie[3] rouge. Il est tou-
10 jours élégant avec son costume gris-trois pièces qui
essaie de cacher son ventre[4] de gourmet ! C'est un
homme riche, ça se voit mais il choisit toujours les
menus les moins chers. Il est arrogant et ne parle pratiquement qu'avec M. Passion.

15 – « Bonjour M. de Grippesous, les affaires vont
comme vous voulez ? » l'interroge le patron.

– « Oh ! Vous êtes bien curieux[5], Passion » répond
M. de Grippesous.

– « Quelle poussière[6] ! Ils nous démolissent[7] tout
20 notre quartier, bientôt notre rue n'existera[8] plus …
plus de rue de la Sablonnière[9]. Ma voisine a déjà
déménagé … c'est triste. » dit Rita.

– « Tous les vieux de notre âge s'en vont … ils démé-
nagent … ils vont en province … chez leurs en-
25 fants … ou dans les maisons de retraite[10] … » dit
André.

---

1 überraschen 2 Filzhut 3 Halstuch aus Seide 4 Bauch 5 neugierig
6 Staub 7 reißen … ab 8 wird nicht mehr existieren 9 die Straße ist
abgerissen worden 10 Altersheime

- « Et il y a tous ceux qui meurent de chagrin[1] parce qu'ils ont quitté leur quartier et leurs amis » ajoute Sylviane qui supporte mal la solitude[2].
- « Pourquoi on rénove toujours tout ? Il est beau comme ça notre quartier ! Il a une atmosphère … Et puis, c'est trop cher quand les appartements sont rénovés … » dit André.
- « Mais non, c'est que nos retraites[3] sont trop maigres ! » constate Pierre.
- « Patron, apportez-nous un bon rouge et parlons de choses plus gaies[4] » propose Rita qui d'habitude préfère le blanc.

---

1 vor Kummer sterben   2 verträgt schlecht die Einsamkeit   3 Renten
4 fröhlich

Chapitre III

– « C'est bon ? » demande M. Pierre à son vieil ami André.

– « Oui, très bon. Tu te souviens[1] de l'anniversaire d'Annie ? Le gigot[2] que nous avons mangé … » Il s'arrête de parler.

– « Qu'est-ce que tu as ? » s'inquiète Pierre.

– « Je ne sais pas, je ne me sens pas bi … » Il ne finit pas sa phrase. Au bout de quelques secondes, il dit : « Un verre d'eau », sa voix tremble[3], il s'essuie le front[4] avec sa serviette, il pose sa main droite sur son cœur. Il est tout blanc. Il a froid et chaud en même temps. Il a du mal à respirer[5].

– « J'ai terriblement envie de vomir[6] … », c'est tout ce qu'il peut dire. Sa tête tombe sur la table.

Cinq minutes plus tard, une ambulance s'arrête devant l'entrée du restaurant. Deux hommes habillés en blanc se précipitent[7] dans le « Moulin-à-Vent » avec une civière et emmènent André.

---

1 erinnerst du dich   2 Lammkeule   3 zittert   4 Stirn   5 atmen
6 mir ist furchtbar übel   7 stürzen sich

Une demi-heure plus tard, une seconde ambulance vient chercher un autre habitué. Le petit chien de Rita, assis sur ses genoux, se met à hurler[1], il mord[2] sa maîtresse à la main et tombe par terre raide[3] … Rita a des crampes dans le ventre. Personne ne sait si elle ne se sent pas bien ou si elle a peur pour Nénette.

Vers minuit, Pierre apprend par le médecin de service qu'André a été empoisonné[4]. « Ce n'est pas grave, ses jours ne sont pas en danger mais il faudrait qu'il reste en observation[5] jusqu'à samedi … »

Les clients du restaurant ont perdu l'appétit, personne n'a le cœur à continuer à faire la fête. Un sentiment de panique s'installe.

---

1 heulen   2 beißt   3 steif   4 vergiftet   5 unter Beobachtung bleiben

Chapitre IV

Les Passion passent une nuit blanche[1]. Ils se font déjà du souci à cause de leur restaurant et les événements[2] de jeudi soir ne leur facilitent pas la vie. Ils ne voient pas leur avenir en rose.

Ils se lèvent à 8 heures. Mme Passion prépare un café très fort. M. Passion descend chercher le courrier. Il revient avec une enveloppe, sans adresse, sans rien. Curieux, il l'ouvre. Une feuille tombe par terre. M. Passion la relève. Il lit à haute voix :

Hier, c'était un avertissement. Payez 50 000 € sinon … Pas de police. Autres instructions suivent …

- « Hier … un avertissement[3] ? …Qui peut bien nous vouloir du mal[4] ? » demande Mme Passion à son mari, » on s'entend avec tout le monde, on ne fait de tort[5] à personne …» Son mari l'interrompt[6] :
- « Attends, pas si vite … Réfléchissons. D'abord, qui a mis le poison[7] dans les assiettes[8] ? Ensuite, comment ? Tu sais, on fait comme ça dans les films et les romans policiers, il faut poser les bonnes questions au bon moment »
- « Moi, je n'aime pas les « polars[9] », ça me fait peur[10] … Alors … le boucher peut-être … dans la viande » ose[11] dire Odette Passion.

---

1 schlaflose Nacht   2 Ereignisse   3 Warnung   4 wünscht uns was Schlechtes   5 wir schaden niemandem   6 unterbricht   7 Gift   8 Teller 9 Krimis   10 Angst   11 wagt

14

- « C'est idiot, il fait de bonnes affaires avec nous … Les autres fournisseurs[1] … Non, c'est complètement impossible » répond M. Passion.
- « Le plus simple, c'est le cuisinier … mais il mange comme les clients … l'apprenti[2] aussi et puis ils perdraient[3] leur travail … Non, non et non, ils n'en sont pas capables[4] … » réfléchit Mme Passion, à haute voix. « Ou Gaston … mais il travaille depuis 20 ans chez nous … Il fait pratiquement partie de la famille … et André c'est un ami à lui presque … Empoisonner un ami ? »
- « Remarque, on ne connaît pas sa vie privée … mais lui aussi, il perdrait sa place … Quand même, je suis sûr que c'est quelqu'un qui connaît notre situation financière », continue M. Passion. « Mais pourquoi, Odette, dis-moi pourquoi ? C'est ça la vraie question ! »
- « Tu veux dire le motif ? Oui, parce que 50 000 €, c'est notre ruine … c'est la disparition[5] du « Moulin-à-Vent » » Odette Passion commence à pleurer. « Que faire … C'est terrible de soupçonner[6] tout le monde … »
- « Tu sais Odette, on ne paie pas. » dit M. Passion d'un ton décidé[7]. Une idée prend forme dans sa tête …

---

1 Lieferanten   2 Lehrling   3 sie würden … verlieren   4 fähig
5 Verschwinden, Tod   6 verdächtigen   7 entschlossen

Chapitre V

Les jours passent. Le calme est revenu au restaurant. L'euphorie de l'arrivée du beaujolais nouveau est passée. M. Pierre et M. André ont retrouvé leur appétit et ils jouent aux dés[1] ensemble ou aux cartes. Rita ne vient plus, sa copine Mme Sylviane est seule devant son petit blanc, elle parle à Jeannette, un travesti[2] qui est concierge rue de la Croix-Nivert[3] – ça lui permet d'avoir un appartement bon marché… Et il fait des ménages[4] le jour. La nuit, il sort beaucoup.

Mme Passion se trouve, comme d'habitude, derrière la caisse. Elle est très bien coiffée[5], très bien maquillée[6], a mis tous ses bijoux[7] et chantonne, comme elle l'a toujours fait. C'est une petite femme rondelette qui ne paraît pas ses 63 ans[8]. À côté d'elle, Grisette s'est installée confortablement sur une chaise, la petite chatte sait très bien qu'elle n'a pas le droit de se promener dans la salle du restaurant.

Il fait froid, l'hiver s'annonce. Les touristes qui viennent d'un hôtel à côté, rue Cambronne[9], sont rares. Ce n'est pas la saison pour visiter Paris.

---

1 Würfel   2 Transvestit   3 *Straße im XV. Bezirk*   4 er geht putzen
5 frisiert   6 geschminkt   7 Schmuck   8 die nicht wie 63 aussieht
9 *Straße im XV. Bezirk*

Chapitre VI

Au Moulin-à-Vent, les clients se sentent bien. Le cliquetis des fourchettes et des couteaux[1] remplit le restaurant. Le bruit agréable des conversations se fait entendre comme une musique de fond[2]. On a l'impression d'assister à un concert dont l'orchestre se compose de voix[3]. Les clients sont contents, l'équipe du restaurant l'est aussi.

Sylviane se lève brusquement. D'un pas chancelant[4], elle va vers les toilettes. Il lui est difficile de se tenir debout[5], c'est évident. Cinq minutes plus tard, elle revient à peine reconnaissable. Lentement, elle prend place à table.

– « Qu'est-ce qui vous est arrivé ? Vous avez mauvaise mine. Est-ce que je peux faire quelque chose pour vous ? » s'inquiète[6] un jeune homme assis en face d'elle.

Les autres clients n'ont rien remarqué. Soudain, un verre tombe par terre, le bruit fait taire[7] un moment les mangeurs ; les conversations recommencent, peu après.

Pierre essaie de se lever. Il s'appuie[8] de ses deux mains sur la table. Des perles de sueur[9] coulent sur son visage, devenu pâle. Debout, il perd ses forces. Il tombe en avant, sa tête dans l'assiette.

---

1 das Klappern der Gabeln und Messer   2 Hintergrundmusik
3 Stimmen   4 wackelig   5 sich aufrecht halten   6 fragt beunruhigt
7 schweigen   8 stützt sich   9 Schweißperlen

Cette fois M. Passion appelle le SAMU[1] et la police.
Mme Passion, elle, est prise d'une crise de nerfs. Son
mari sourit comme quelqu'un qui a résolu un pro-
blème[2].

---

1 Service d'Assistance Médicale d'Urgence (Notdienst)   2 ein Problem
gelöst hat

Chapitre VII

Le lendemain, les Passion reçoivent la visite du commissaire Sétout, un homme jovial, grand : 1,85 m. Il porte un pull par dessus une chemise et une cravate dont les couleurs ne vont pas ensemble. Quand on le regarde de plus près, on voit qu'il porte une perruque. Impossible de lui donner un âge : 45, 50, 60 ans ?

Ses yeux marron fixent les Passion à travers ses lunettes qui glissent et qu'il remonte toujours en plissant le nez[1], c'est son tic. Il commence tout de suite l'enquête[2].

– « Racontez-moi en détail tout ce qui s'est passé » dit-il à M. Passion qui lui fait aussitôt le récit des événements. Il lui montre aussi la demande de rançon[3].

– « Faites-moi aussi une liste des noms de votre personnel, de vos clients qui fréquentent régulièrement votre restaurant. »

– « Vous ne voulez pas dire, tout de même, que... » commence M. Passion.

– « Passez me voir, cet après-midi, dans mon bureau... Pour l'instant, c'est tout. » coupe Marc Sétout et remonte ses lunettes en plissant le nez. Il reprend son imperméable[4] beige et quitte d'un pas lent le restaurant.

---

1 die Nase rümpfend   2 Ermittlung(en)   3 Erpressungsbrief   4 Regenmantel

Chapitre VIII

Le commissaire Sétout est en train de fumer un cigare lorsque quelqu'un frappe à la porte de son bureau.

– «Entrez!» C'est M. Passion qui apporte la liste demandée, «asseyez-vous, monsieur, s'il vous plaît.»

Le commissaire lit la liste attentivement.

– «En principe toutes les personnes de la liste sont suspectes[1]», dit-il d'un ton songeur.

– «Vous n'êtes pas sérieux commissaire, ce sont tous presque des amis ...» dit M. Passion.

– «Ils ont tous eu la possibilité de mettre du poison[2] dans les assiettes. Mais pour l'instant, je ne vois pas de motif. Je vais comparer[3] ces noms avec ceux de notre fichier[4]. Après, on verra[5].»

– «Et moi, qu'est-ce que je fais? Mon restaurant ... ma réputation[6] ...» s'inquiète le restaurateur.

– «D'accord, je vous comprends ... pour ne pas perdre de temps et ... pour voir plus clair, je vous fais une proposition.»

1 verdächtig   2 Gift   3 vergleichen   4 Kartei   5 wir werden sehen
6 Ruf

- «Je vous écoute, une solution …» se réjouit[1] déjà M. Passion.
- «J'ai décidé[2] de venir passer quelques soirées, au Moulin-à-Vent. Je vais observer[3] les gens, voir si quelqu'un se conduit de façon suspecte.»
- «Votre idée me plaît. Tout en travaillant, vous allez pouvoir apprécier[4] la cuisine lyonnaise. Vous savez, je suis de Villefranche-sur-Saône[5] … Vous pouvez amener madame votre femme, si vous voulez … Vous êtes bien sûr nos invités» répond M. Passion enthousiasmé.
- «Merci, mais je suis célibataire[6] … je n'ai pas le droit d'accepter votre proposition. En service, je ne peux pas accepter, vous comprenez … mais quand l'enquête sera close[7] … alors avec le plus grand plaisir.» regrette le commissaire.
- «C'est dommage … Vous commencez quand?» demande le restaurateur.
- «Demain, ne perdons pas de temps, l'affaire est grave … Bien sûr, cette mission est secrète, n'en parlez à personne. Au revoir M. Passion et bien le bonjour à votre charmante femme.» dit le commissaire en tendant la main à M. Passion.
- «Au revoir commissaire et bonne chance!» M. Passion sourit, «ça commence bien», pense-t-il.

---

1 freut sich   2 ich habe beschlossen   3 beobachten   4 *hier:* genießen
5 *Stadt in der Nähe von Lyon*   6 ledig   7 abgeschlossen sein wird

Chapitre IX

La première semaine de décembre se passe sans problèmes. Les habitués se retrouvent régulièrement et se racontent leurs projets pour les fêtes de fin d'année. Ils mangent de l'oie[1] ou de la dinde aux marrons[2] comme le veut la tradition. Grippesous prend rapidement la carte pour ne pas parler aux autres clients.

— «Passion, venez voir … Conseillez-moi. Qu'est-ce que vous avez de meilleur. Bien entendu à un prix raisonnable, ce n'est pas encore le réveillon[3]!»

M. Passion arrive et propose:

— «J'ai une soupe de légumes[4] … un poème! Et puis, après … j'ai un coq au vin[5] … au Brouilly, c'est ma spécialité, d'ailleurs je vous conseille de prendre un «Côtes de Brouilly», il a trois ans … Il est juste bon … C'est celui que j'ai pris pour la sauce.» s'enthousiasme le patron, grand amateur[6] de vin.

— «Passion, mais votre coq est cher! Beaucoup trop cher!» constate Grippesous en regardant la carte, «Alors, je prends une carafe d'eau … »

— «Comme ça, c'est gratuit[7]» commente un habitué qui n'aime pas ce vieil homme antipathique.

— «Vous n'allez pas faire ça, M. de Grippesous, c'est dommage … » Passion est découragé devant tant d'avarice[8]. Exceptionnellement … parce que c'est

---

1 Gans   2 Pute mit Esskastanien   3 hier: Festessen an Heiligabend
4 Gemüsesuppe   5 Hahn in Weinsauce   6 Weinliebhaber   7 kostenlos
8 entmutigt von so viel Geiz

vous … mais ne le dites à personne …» murmure[1] le patron et grand caviste.

— «Eh bien quoi, Passion?» veut savoir le vieil avare[2].

— «J'ai ouvert plusieurs bouteilles pour la cuisson[3], et la dernière, elle est encore … alors si vous voulez, je vous offre[4] le reste …» propose le patron, très satisfait de son idée. Il sourit de son plus beau sourire.

— «Ah! Vous voilà enfin généreux[5], pour une fois.» dit seulement Grippesous, sans remercier.

— «Vous allez voir, il est excellent … Il n'y en a pas d'autres comme celui-là. On le boit une fois et après on ne dit plus rien … un poème … une ode …» M. Passion court chercher «le poème», «l'ode» …

---

1 flüstert   2 Geizhals   3 Wein zum Kochen   4 schenke   5 großzügig

24

Chapitre X

Sétout est assis dans son coin[1] et observe discrètement la clientèle. Il a entendu la description du vin – seulement la description[2] – et demande aussi un « Côtes de Brouilly ».
– « Prenez une demi-bouteille, Monsieur … » lui dit le patron.
Grisette s'approche, elle veut sentir le commissaire : elle ne connaît pas ce nouveau client. Mme Passion la rappelle tout de suite. Les clients parlent fort, rient.

---

1 Ecke   2 Beschreibung

Grippesous mange et boit vite, très vite, il pense :
« Comme ça, M. Passion même s'il change d'avis[1], ne
va pas pouvoir reprendre sa bouteille ! » Mais tout à
coup, il a envie de vomir. Il va aux toilettes, il marche
lentement … Quand il revient, il est en sueur … Il ti-
tube et s'écroule[2]. Les autres invités pensent qu'il a
trop bu et sourient.

— « Police … Que personne ne sorte[3] ! » crie Sétout
    qui a compris … Il montre sa carte de service et
    s'occupe de Grippesous. Il appelle le SAMU et re-
    garde dans les poches du vieil homme. Grippesous
    a un peu d'argent et ses papiers sur lui.

— « Mon Dieu, ça recommence » dit Mme Passion.

— « Tout va bien ma chérie … » M. Passion veut rassu-
    rer[4] sa femme.

— « C'est trop tard » dit le médecin du SAMU, « on ne
    peut plus rien faire. »

— « Il est mort, vous voulez dire ? » demande Passion.

— « Oui » répond Sétout. « M. Passion, puis-je m'ins-
    taller[5] dans votre appartement privé quelques ins-
    tants pour poser quelques questions ? »

— « Certainement commissaire, c'est au premier, faites
    comme chez vous ! » répond le patron du restau-
    rant.

Sétout monte et appelle le collègue qui a fait des re-
cherches[6] sur le personnel et les habitués du restaurant. Il apprend que Gaston Jeunesse …

---

1 seine Meinung ändert   2 wackelt und stürzt   3 niemand verlässt den
Raum   4 beruhigen   5 *hier:* sich hinsetzen   6 Nachforschungen

Chapitre XI

Le lendemain, à la P.J.[1], le commissaire Sétout commence son interrogatoire[2].

– « M. Jeunesse, vous avez tout intérêt à me dire toute la vérité[3], tout de suite. » menace[4] le commissaire.

– « Je ne comprends pas … » commence Jeunesse.

– « Nous savons que vous êtes un joueur passionné, votre femme vous a quitté à cause de ça. Nous savons que M. de Grippesous qui est le très riche propriétaire[5] de l'immeuble et du restaurant – vous a prêté[6] de l'argent. »

– « M. le commissaire … » recommence le serveur.

– « Ce n'est pas tout. Nous savons aussi que M. Grippesous est mort parce que son vin a été empoisonné. Alors, je vous le dis encore une dernière fois : avouez[7] que vous avez tué M. de Grippesous pour ne pas rembourser vos dettes[8]. »

– « Mais M. le commissaire … » insiste Gaston.

– « Jeunesse, avouez … c'est mieux pour vous … »

– « Mais M. le commissaire … » répète Gaston Jeunesse.

– « Avouez donc avoir tué votre propriétaire. »

– « Mais M. le commissaire, ce n'est pas vrai, je n'ai pas tué Grippesous » arrive enfin à crier Gaston Jeunesse. « Ce n'est pas vrai. Je n'ai tué personne ! » Sa

---

1 Police judiciaire (Kriminalpolizei)   2 Verhör   3 die ganze Wahrheit
4 droht   5 Besitzer   6 geliehen   7 gestehen Sie, geben Sie zu
8 Schulden nicht zurückzuzahlen

voix tremble[1] puis tout son corps[2]. Il se calme, il dit à voix basse :

— « M. le commissaire, je vais vous faire un aveu[3] … Oui, j'avais besoin[4] de 25 000 € que je devais[5] à Grippesous. Alors, j'ai eu l'idée de mettre un léger poison dans les assiettes de quelques clients, juste pour faire un peu peur. Puis j'ai écrit la demande de rançon … » raconte Jeunesse.

— « Mais je ne comprends pas … » dit Sétout.

— « Oui, les Passion n'ont pas répondu … alors, j'ai recommencé à mettre un peu de poison – rien de grave … Je le regrette et j'ai honte[6] de moi … » explique Jeunesse.

— « Après vous avez mis un poison plus fort pour Grippesous … » complète le commissaire.

— « Mais M. le commissaire, jamais je n'ai mis de poison dans son verre. Non, non, non et non, jamais. Je le jure. »

M. Sétout ne montre pas de réaction.

— « Emmenez-le dans sa cellule[7], ça va le faire réfléchir, on verra demain. » dit-il en remontant ses lunettes et plissant son gros nez. « Passez une bonne nuit, ça porte conseil[8] ! »

---

1 zittert   2 Körper   3 ein Geständnis ablegen   4 ich benötigte
5 ich schuldete   6 ich schäme mich   7 führen Sie ihn in seine Zelle
8 Kommt Zeit (hier Nacht), kommt Rat

Chapitre XII

Le lendemain, le commissaire Sétout retourne au « Moulin-à-Vent » pour terminer son enquête.

– « Bonjour M. le commissaire, comment allez-vous ? » lui demande Mme Passion.

– « Bien, merci Madame. Je voudrais parler à votre mari. Il est là ? J'ai encore quelques questions à lui poser. »

– « Ah bon, répond Mme Passion, surprise, est-ce que je … »

– « Non, non » l'interrompt M. Sétout « c'est à votre mari que je veux parler. »

– « Il est dans notre appartement. » dit Mme Passion.

– « Merci, Madame, je connais le chemin. »

Madame Passion s'installe de nouveau derrière sa caisse et regarde M. Sétout qui monte l'escalier. Curieuse, Grisette l'accompagne. Au premier étage, il entend une voix qu'il connaît bien. Il s'arrête devant la porte. Il n'en croit pas ses oreilles[1], c'est la voix de Columbo[2] son acteur préféré. Sétout réfléchit : lumière dans sa caverne[3] ! La voix de Columbo dit : « Et ensuite, vous avez mis du poison dans le vin de votre propriétaire, n'est-ce pas ? »

Sétout ouvre la porte de M. Passion qui regarde tranquillement son film. « M. Passion, vous êtes en état

---

1 er glaubt seinen eigenen Ohren nicht   2 *Inspektor der Mordkommission in Los Angeles. Held der gleichnamigen amerikanischen Krimiserie*
3 es fällt ihm wie Schuppen von den Augen

d'arrestation pour assassinat sur la personne de[1] M. de Grippesous » déclare le commissaire.

M. Passion, stupéfait[2], demande sans hésiter[3] une seconde : « Comment avez-vous trouvé ? »

– « Ce n'est pas moi, c'est Columbo ! Dans le film, l'assassin[4] a fait la même chose que vous. Et vous êtes le seul à vous occuper du vin. » Sétout est content de lui. « Mais pourquoi avez-vous tué votre propriétaire ? » Passion sous le choc de son aveu spontané, répond d'une voix saccadée[5] : « Ce vieil avare … Il voulait[6] nous mettre à la porte … vendre l'immeuble à … une grande chaîne … de fast-food[7] … Il voulait encore plus de profit … Mais nous, Odette et moi, qu'est-ce qu'on fait ? On est trop vieux pour recommencer … »

M. Passion pleure. « Le restaurant, c'est notre vie … » Sétout regarde le vieil homme et se demande : que dirait[8] Columbo ? Le détective américain trouve toujours les mots justes.

---

1 ich verhafte Sie wegen Mordes, begangen an … 2 verblüfft 3 ohne zu zögern 4 Mörder 5 mit bebender Stimme 6 wollte 7 Schnell-imbisskette 8 würde … sagen

Activités

Chapitre I

1 Même prononciation ou non ? Faites le test en 30 secondes.

		oui	non
1. vont	font		
2. je suis	j'essuie		
3. c'est	sait		
4. sors	sort		
5. assis	assise		
6. petit	petite		
7. sur	sûr		
8. sans	son		
9. l'heure	leur		
10. toute	tout		

2 Cherchez l'intrus[1].

a) beaujolais, champagne, côtes de Provence, cognac, plateau de fromage.
b) apéritif, gigot, foie gras, rumsteck, terrine de légumes sauce tomate, gratin dauphinois, langoustine mayonnaise, tarte tatin.
c) Brest, Lyon, Marseille, Nantes, Nice, Paris, Seine.
d) Brestois, Lyonnais, Marseillais, Nantais, Niçois, Pharmacien, Parisiens, Français.

---

1 welches Wort passt nicht dazu ?

32

Chapitre II

3 Combien d'erreurs se cachent dans ce texte?

M. de Grippesous est bien habillé. Il porte un costume gris deux pièces, une écharpe de soie bleue. Il aime parler avec des gens. Au restaurant, il choisit toujours le menu le plus cher.

Chapitre III

4 Mettez les phrases dans le bon ordre.

a) Il se réveille à l'hôpital.
b) Sa tête tombe sur la table.
c) Il mange de bon appétit.
d) André ne se sent pas bien.
e) On emmène André sur une civière.

Chapitre IV

5 Terminez la lettre de demande de rançon.

Payez 50 000 € sinon ....

....

Chapitres I–V

6 Dans les chapitres I à V, vous faites la connaissance de plusieurs personnes. Que pouvez-vous dire d'elles ?

M. Passion	....
Mme Passion	....
M. Pierre	....
M. André	....
Rita	Elle a un chien. Elle habite le XVe arrondissement. ....
M. de Grippesous	....

Chapitre VI

7 Avez-vous lu cela dans le texte ?

	oui	non
1. Au Moulin-à-Vent, il y a une bonne ambiance (atmosphère).		
2. Sylviane a des problèmes.		
3. Pierre accompagne Sylviane à l'hôpital.		
4. M. Passion n'appelle *que* le SAMU.		

8 Trouvez un titre au chapitre VI.

Chapitre VII

9 Portrait-robot de … ?

Qui est-ce ?
A est le portrait de …
B est le portrait de …
C est le portrait de …

Chapitre VIII

10 Vrai ou faux ?

	vrai	faux
1. M. Passion va dans le bureau du commissaire de police.		
2. M. Sétout fait une proposition intéressante au restaurateur.		
3. M. Passion ne prend pas le commissaire au sérieux.		
4. Pour M. Passion toutes les personnes de la liste sont suspectes.		

Chapitres IX–X

11 Voici quelques titres pour le chapitre IX. Lequel vous plaît le plus ?

Un homme se meurt
L'empoisonnement
L'avare
Mort au Moulin-à-Vent
Le secret

Chapitre XI

12 « M. Sétout ne montre pas de réaction ». Expliquez pourquoi.

13 Quel est le bon résumé ?

A – M. de Grippesous a prêté de l'argent à Gaston Jeunesse. Le serveur du restaurant a tué le riche propriétaire pour ne pas rembourser ses dettes de jeu.

B – Gaston Jeunesse n'a pas tué M. de Grippesous. Il a mis du poison dans les assiettes de quelques clients du restaurant. Ensuite, il a demandé une rançon à son patron. M. Passion a payé les 50 000 €.

C – Il y a eu deux tentatives d'empoisonnement au Moulin-à-Vent. Gaston Jeunesse a avoué avoir mis du poison dans les assiettes de quelques clients du restaurant. Il ne veut pas avouer qu'il a tué M. de Grippesous.

Chapitre XII

14 Wann haben Sie zum ersten Mal den Verdacht gehabt, dass M. Passion der Mörder ist? Wann fasste M. Passion den Plan, M. de Grippesous zu töten? Lesen Sie die entsprechenden Stellen / Passagen laut vor.

15 Vous êtes journaliste. Ecrivez un article sur ce qui s'est passé au Moulin-à-Vent.

Chapitre I-XII

16 Mots croisés

	1	2	3	4	5	6	7	8	9	10
1	F									
2	E									
3	R									
4	M									
5	E									
6	T									
7	U									
8	R	E	S	T	A	U	R	A	N	T
9	E									
10										

Horizontalement:
1 – Mme Passion est la .... de M. Passion. – M. Passion offre le vin à M. de Grippesous. Il .... apporte une bouteille déjà ouverte.

2 – L'abréviation[2] de l'Organisation des Nations Unies, en français, c'est ....

3 – Le beaujolais nouveau est un vin .... – A Noël, on mange de la dinde ou de l' ....

Gaston Jeunesse n'a pas .... (pouvoir) payer ses dettes.

5 – C'est le troisième .... du mois de novembre qu'on boit le vin nouveau.

7 – Le costume de Grippesous n'a qu'une couleur, il est ....

8 – Le .... de M. Passion s'appelle « Au Moulin à Vent ».

10 – Je, tu, il, elle, ..., nous, vous, ils, elles. – Vous me conseillez .... *(diesen)* vin ? – Gaston dit : « J'ai honte de .... »

Verticalement :

1 – Si l'immeuble de Grippesous est vendu, alors, c'est la .... du restaurant.

2 – Grippesous .... parle pas à tout le monde.

3 – Gaston Jeunesse met du .... dans les assiettes.

5 – « Vous êtes .... état d'arrestation » dit le commissaire à M. Passion. – Rita préfère le vin ....

7 – Le beaujolais nouveau arrive en ....

8 – Ce n'est pas Gaston qui a tué Grippesous mais c'est .... qui a empoisonné André.

9 – Gaston va passe une nuit .... prison.

10 – .... ne comprend pas pourquoi. – Passion est le spécialiste du .... – Moi, ..., lui, elle, nous, vous, eux, elles.

---

2 Abkürzung